Este libro le pertenece a:

_____

Este libro está dedicado a mis hijos – Mikey, Kobe, y Jojo.

El éxito no se basa en el éxito. Se basa en el fracaso y la frustración.

Se basa en la pasión y la perseverancia.

Ninja Life Hacks™

La Ninja Determinada

Por Mary Nhin

La gente dice que soy buena en todo, pero no soy particularmente talentosa en nada. Lo único que me ayuda a tener éxito es que... nunca me rindo.

No siempre he sido fuerte mentalmente...

Cuando tenía la misma práctica de fútbol
todos los días, me aburría y me rendía.

Mientras resolvía un problema difícil de matemáticas, me frustraba y renunciaba.

$$(2x+5g) + 2(4x+2y) = 4(9x+5g) \; 4-3$$

$$6x+15g1-8x+12y = 36x+20g+ 6x+=18$$

$$3,(9+b) \qquad +5(a+3b)=3(a+b)+7$$

$$5$$

$$x) = 5(6m-7m)+$$

$$=30m + 35m+15m$$

Y si estaba perdiendo un partido de tenis, dejaba de intentarlo para no sentirme avergonzada si perdia.

No fue divertido renunciar a algo que quería aprender y tener éxito.

Después de intentarlo un par de veces y fracasar, no sabía lidiar con mi sensación de fracaso. Así que me rendí.

Pero mi perspectiva sobre las cosas difíciles cambió un día cuando...

La Ninja Desconectada se acercó para practicar un nuevo truco de bicicleta que vimos el día anterior. Nos estábamos divirtiendo hasta que abruptamente decidí dejarlo.

La verdadera razón detrás de mi decisión de renunciar no tenía nada que ver con que no me gustara el ciclismo. No era la primera vez que tenía este tipo de reacción cuando se trataba de algo difícil.

--Rendirse es la salida fácil --explicó la Ninja Desconectada--. Es increíble cuando podemos aprender a terminar algo que hemos empezado, no importa lo difícil que pueda parecer. Cuando las cosas se ponen difíciles, hay algo que hago que me ayuda.

¿Quieres que te muestre?

Okay.

Yo uso las 4 C:

Confiado. Soy confiada cuando visualizo mi éxito.

Calma. Mantengo la calma mediante el uso de mantras positivas como: ¡Puedo hacer esto!

Campante. Me siento campante cuando enfrento mi miedo al fracaso. Hago esto preguntándome ¿Qué es lo peor que puede pasar? Y respondo. Entonces, me pregunto: ¿Sobreviviré?

Capaz. Y, soy capaz de crear y lograr metas.

¡Okay, lo intentaré!

Después, entré y comencé a practicar las 4 Cs de inmediato. No podía esperar, ahora que tenía una herramienta efectiva para ayudarme a no rendirme y a tener más agallas.

Escribí un objetivo para participar en el próximo triatlón. Esto me hizo sentir muy capaz.

TRIATLÓN

Entonces, respondí a la pregunta,
¿Qué pasará si pierdes?

Después de enfrentar mi miedo al
fracaso, me sentí campante.

La gente se puede reír de mí.

¿Sobrevivirás? Sí.

Al día siguiente, cuando las cosas comenzaron a ponerse difíciles en la competencia del triatlón, pude sentir que mi garganta se apretaba y se volvía grumosa. Tenía ganas de rendirme.

Pero entonces me recordé a mí misma que era capaz y campante.

Después, me calmé y dije en voz alta...

Mientras me esfuerce, todo estará bien.

Entonces, visualicé mi éxito. Esto me ayudó a sentirme confiada.

¿Y sabes lo que pasó?

¡Soy capaz, campante, calmada y confiada!

¡Funcionó! Tuve éxito y terminé mi primer triatlón. A partir de ese día, podría fallar algunas 5, 10 o 20 veces y no importaría. Cuanto más difícil era algo, más decidida estaba para conquistar cualquier obstáculo que estaba enfrentando.

Y así es cómo me gané el nombre de la Ninja Determinada.

El recordar las 4 Cs podría convertirse en tu arma secreta para cultivar agallas y no rendirte.

¡Visítanos en ninjalifehacks.tv para obtener imprimibles divertidos gratis!

@marynhin   @officialninjalifehacks
#NinjaLifeHacks

Mary Nhin   Ninja Life Hacks

Ninja Life Hacks

@officialninjalifehacks

www.ingramcontent.com/pod-product-compliance
Lightning Source LLC
Chambersburg PA
CBHW042026090426
42811CB00016B/1759